AF232060

NOTICE

HISTORIQUE

SUR MARBOT,

GÉNÉRAL DIVISIONNAIRE.

PAR ALEXANDRE ROUSSELIN.

————

A PARIS,

Chez DESENNE, libraire, Palais Égalité.

————

AN VIII.

NOTICE

HISTORIQUE

SUR MARBOT,

GÉNÉRAL DIVISIONNAIRE,

Mort à Gênes, le 29 Germinal an VIII.

Integer vitæ.

(*HORACE.*)

LA République sentait tous les jours davantage la perte irréparable de ses plus illustres défenseurs ; un de ses plus zélés vient encore de lui être enlevé. Moins grand, sans doute, que *Hoche*, que *Joubert*,

sous les rapports brillans de la guerre, mais
non moins regrettable pour ses vertus, son
caractère, et son dévouement à la liberté,
Marbot, général divisionnaire, est mort à
Gênes, le 29 germinal dernier.

Quelques traits de la vie de ce militaire
citoyen ont paru nécessaires à rappeller pour
rendre à sa mémoire le rang qui lui appar-
tient dans le cœur des gens de bien : car
on ne prétend point nier qu'un homme
distingué par l'estime qu'il impose à ses
contemporains, n'ait des droits puissans à
l'envie, et même à la haine de plusieurs;
et ceux que la conduite politique de
Marbot a pu contrarier dans leurs intérêts
ou dans leurs opinions qui, au temps
où nous sommes, ne sont souvent autre
chose que des intérêts, ont cherché tous
les prétextes pour se défendre des sentimens qu'il avait inspirés.

Les uns ont dit qu'il avait été Garde-du-
Corps; qu'ayant été patriote très-faible à
l'Assemblée législative, il devenait singulier
que depuis, il *voulût être plus républicain*
qu'eux; ils n'ajoutaient point eux : *et nous
peut-être maintenant moins républicains que lui;*
cela aurait exigé de trop longues expli-
cations.

On ne peut faire un crime à Marbot d'avoir été Garde - du - Corps il y a vingt-cinq ans. Il est d'abord assez généralement convenu qu'on ne se choisit point son père; il doit l'être tout autant qu'on ne se donnait point autrefois son premier état. Notre responsabilité, envers les hommes, commence là seulement où notre choix et notre volonté ont pu décider notre conduite. D'ailleurs, Marbot, remarqué dès-lors, comme ce qu'on appelait sous la monarchie, une *mauvaise tête*, ce que depuis on a appelé d'un autre nom, fut écarté des Gardes - du - Corps, sous le prétexte d'une réforme. Les ennemis de ses principes d'indépendance avaient donné pour raison *qu'il n'était pas noble.*

A ceux qui ont prétendu que l'opinion de Marbot avait été douteuse à l'Assemblée législative, l'on peut répondre que la timidité naturelle à celui qu'une instruction générale n'a pas assez préparé ; le défaut d'usage d'une grande assemblée, sont les causes très-probables du silence qui l'empêcha d'être apperçu dès-lors. Plusieurs faits, en établissant son caractère, démontreraient assez que son ame, pour être fière, n'avait pas eu besoin d'attendre d'y être autorisée par telle forme de gouvernement, et prouveroient que sa conduite postérieure, loin d'être en contradiction avec la première, n'en a été que le développement.

Marié de bonne heure, bientôt père d'une famille nombreuse, Marbot vivait heureux avec elle, content d'un modique patrimoine. La révolution l'avait trouvé dans cette situation. Nommé premier maire de sa municipalité, puis membre de l'administration centrale, il avait ensuite été envoyé par son département (la Corrèze) à l'Assemblée législative.

Les élections faites immédiatement après le 10 août, ne l'ayant point appelé à la Convention nationale, il pensa que le moment était venu de rentrer dans la carrière militaire. Autrefois c'était pour avoir un état, maintenant c'est pour remplir un devoir. Il part en qualité de capitaine des chasseurs des Montagnes.

Ses dispositions l'avaient fait juger supérieur à ce modeste grade ; les circonstances le rendirent nécessaire comme adjudant-général ; il en fit les fonctions, et n'en eut le titre qu'un an après. C'est avec l'intrépide capitaine Latour - d'Auvergne, que Marbot fut chargé de la première expédition contre les Espagnols.

Envoyé au Mont-Libre , Marbot fut apprécié par *Dagobert* ; aux Pyrénées orientales, par *Dugommier* : aux Pyrénées occidentales, *Moncey* lui confia le commandement d'expéditions importantes. A la même armée, *Muller* apperçut en lui des talens susceptibles des plus grands développemens. Son nom se trouve , comme général divisionnaire , placé dans les tableaux historiques de la guerre de la révolution , parmi ceux qui honorèrent les armes françaises pendant les premières années. On ne rappelle point ici particulièrement ses actions glorieuses : dans des temps ordinaires elles eussent rempli de belles pages ; dans ce tumulte de tant de gloires rivales , l'attention publique ne peut et ne doit se fixer que sur des résultats d'une utilité plus générale.

Quatre années de fatigues , de combats , de travaux d'organisation, ne pouvaient demeurer sans récompense ; des représentans du peuple , envoyés par la réaction , qui fut plus l'abus que la suite du 9 thermidor, avec la mission spéciale, si bien remplie , d'anéantir l'esprit public créateur des victoires , destituèrent Marbot , comme *terroriste*. C'est avec ce brevet d'invention fatale qu'il revint dans son département ; ses concitoyens le vengèrent bientôt en le nommant député au conseil des anciens.

On croit entendre encore les paroles, long-temps rétentissantes qu'il prononça au sein de ce conseil, dans des temps de crise. Marbot, avec plusieurs amis de la liberté, crut, dans sa conscience, à.la nécessité de la journée du 18 fructidor; mais il déplorait, en même temps, cette nécessité ; *ce sont des remèdes cruels, disait-il, et qui font payer bien cher un mieux momentané.* On n'entrera point ici dans le débat d'un procès aussi difficile à juger par les vainqueurs que par les vaincus , et sur lequel on est parfaitement d'accord aujourd'hui, que des hommes de bien , voulant la liberté , mais avec des moyens différens, se trouvaient mêlés dans l'un et l'autre parti.

Mais ce qu'on peut dès aujourd'hui soutenir et même louer hautement dans la conduite de Marbot, c'est la pureté de ses intentions , sa franchise à montrer le but vers lequel il marchait, son courage dans le péril, sa générosité après le triomphe.

Quelques jours avant le 18 fructidor, Marbot présidait un comité qui s'était chargé de préparer des mesures révolutionnaires. Quelqu'un fit la proposition de décréter la peine de mort contre les émigrés rentrés. *Les émigrés qui rentrent font leur métier*, dit Marbot, *les hommes qu'on devrait punir avant eux, ce sont les gouvernans qui, trompant leur crédulité, les ont rappelés; la nation est assez grande pour ne plus donner la mort.* Ces paroles, prononcées d'une voix énergique, firent évanouir à l'instant la proposition.

Dans la journée du 18 fructidor, Marbot voulut faire rayer plusieurs membres des conseils, condamnés à la déportation, et dont la moralité lui était particulièrement connue. Déjà cette acte de justice était prononcée pour quelques-uns; un membre du directoire dit, à l'égard d'un autre condamné que Marbot réclamait encore : *Oh! pour celui-là, c'est un royaliste déhonté. —Gouvernez mieux, citoyen directeur*, lui répondit vivement Marbot, *vous avez assez de pouvoir maintenant pour que nous n'ayons plus à redouter des royalistes.*

J'ai tout-à-l'heure parlé des motifs qui l'avaient fait destituer à l'armée; le représentant du peuple, auteur de cette destitution, se trouvait alors membre du conseil des anciens; il était inscrit sur la

liste de déportation; il n'eut d'autre dé-
fenseur que Marbot, qui, quoique seul,
trouva dans l'éloquence que donne une
noble vengeance, le moyen de faire excep-
ter son ennemi personnel.

Son devoir devint, dès ce moment, celui
de lutter contre les usurpations du gouvernement *post-fructidorien*. Il s'honora de défendre la cause des noirs, parla fortement
en faveur de leur admission au corps législatif; trouvant dans son ame autant d'émo-
tion que de logique, il entraîna le conseil
des anciens, et la philantropie lui doit la
sanction d'un principe sacré.

La générosité de ses opinions lui avait
acquis la plus juste popularité, mais il n'é-
tait pas plus disposé à sacrifier sa conscience
à la popularité qu'au pouvoir; l'amour de
la justice et de la vérité était le besoin et
la règle de sa conduite politique; on se
rappelle qu'il pouvoit avoir personnelle-
ment d'excellentes raisons de ne pas aimer
la noblesse; personne d'ailleurs ne por-
tait une ame plus fière et plus plébéïenne
que lui; eh! bien, lorsqu'on vint pro-
poser l'expulsion générale des nobles
du territoire de la République, Marbot
ne craignit point de se dépopulariser en
se déclarant formellement contre cette me-

sure. *Aurait-elle pour but*, dit-il , *d'atteindre des hommes qui ont le mieux défendu la liberté: du moment où la nation l'a prononcé, il n'y a plus de nobles ni de privilèges , il n'y a plus que des citoyens et des lois.*

Egalement ferme à la tribune nationale et jusques dans le palais directorial, il remontra souvent aux membres du nouveau gouvernement, combien ils s'éloignaient du but indiqué par le mouvement qui les avait élevés, combien ils devenaient usurpateurs , en consacrant à tourmenter la République, la dictature qui leur avait été déléguée pour la sauver. Plusieurs des directeurs d'alors étaient persuadés que *gouverner* entraînait la nécessité d'*opprimer* , et ces obstinés gouvernans traitaient de fous dangereux, ceux qui les rappellaient à l'origine de leurs fonctions. Il fallait, pour leur désiller les yeux, une nouvelle révolution (le 30 prairial), qui, déconsidérant à jamais l'institution du directoire, acheva de dévoiler le secret de l'empire, déjà révélé au 18 fructidor.

Marbot, après le 30 prairial, succéda au général Joubert dans le commandement de la dix-septième division; cette nomination avait été un vœu populaire.

Au milieu des partis qu'on disait prêts à renaître de leurs cendres, lors même que leurs cendres n'existaient plus, Marbot remplissait, avec impartialité, ses devoirs militaires. Entre des hommes qui aimaient la liberté avec passion, qui en parlaient avec enthousiasme, peut-être avec colère, et des hommes qui sans doute l'aimaient aussi, mais qui, pressés du souvenir de ses excès, en craignaient trop incessament le retour, et dont les craintes étaient alimentées tous les jours par les suggestions d'intrigans spéculateurs, la position du commandant de Paris étoit difficile.

Les républicains n'étaient pas tous également persuadés des dangers auxquels quelques-uns prétendaient que l'autorité légale étoit exposée. Telle cause, en révolution, doit produire tel effet, avoient dit les premiers ; et le jour où vous avez laissé se former telle agglomération, sans limites et sans condition, l'expérience de la révolution vous en prédisait la conséquence. Mais des paroles ne sont point des actes, de vaines menaces isolées de toute puissance, dénuées de tout appui d'opinion ne sont point redoutables.

Ce que des moyens policiels suffisaient

pour prévenir, ne parraissait point à Marbot un corps de délit ; s'il y avait délit, la loi était là ? Si des rassemblemens conspirent, pourquoi ne pas les dissoudre ? pourquoi descendre à nationaliser des individus ? pourquoi ne pas plutôt les séparer de la masse, et prouver qu'ils ne sont pas même une fraction de faction ? pourquoi recommencer des qualifications homicides qui s'adressent à tous les républicains, et les contraignent à voir le danger commun dans ces accusations, où les ennemis de la patrie s'empressent de les comprendre tous ?

Le genie de la discorde s'occupait alors à tout confondre, à présenter, comme ennemis irréconciliables, les hommes les plus essentiellement unis dans la même cause. L'intrigue et la corruption parvenaient à séparer ceux que la probité et le civisme cherchaient à rapprocher. Déjà les deux autorités suprêmes ne se voyaient pas seulement comme divisées, mais comme dévorées l'une par l'autre. Les craintes réciproques étaient présentées comme des hostilités réelles ; les haines se déclaraient déjà des vengeances ; il n'aurait point suffi cette fois d'écarter les personnes, il fallait les anéantir, ainsi plus de salut

que dans l'anéantissement ; et l'on invo-
quait encore la constitution !

> En quo discordïa cives
> perduxit miseros !

On n'assurera pas que dans ces temps de
confusion, sinistres et infaillibles présages
de la destruction du pacte social, Marbot
ait eu la vue parfaitement nette sur les
hommes et sur les choses d'alors. La connais-
sance imparfaite de la révolution intérieure
est le défaut nécessaire de beaucoup de
militaires ; leur vie a été toute entière em-
ployée à suivre des ordres donnés. Le soldat
obéit au général en chef, et celui-ci ne fait
qu'obéir lui-même au gouvernement. Le
jour où les évènemens remettent l'obéis-
sance des militaires à leur propre discussion,
où il faut prendre un parti de soi-même,
quelle différence ! Appelés dans une situation nouvelle, comment se décideraient-
ils à l'instant d'après leur propre raison ? Ils
ne peuvent savoir aussitôt l'art de la politique, si justement appelé *l'art des arts*,
puisqu'il se compose de tous ; il leur manque
sur-tout cette indispensable connoissance
des hommes, qui ne s'acquiert qu'en les
ayant vu d'avance au sein des débats où se
découvrent leurs passions et leurs vils intérêts. Marbot étoit un de ceux qu'au lieu d'é-

loigner l'on devoit amener; on pouvoit l'é-
clairer, on préféra de le repousser : les vrais
amis de la liberté étaient-ils donc si nom-
breux ?

En arrivant à l'armée d'Italie , il eut le
spectacle déchirant de l'affreuse misère des
héros qui en formaient les derniers débris.
Ses premiers soins furent donnés à leur
subsistance. Celui qui se vouait tout entier
à ces soins sans éclat, ne rendait pas un mé-
diocre service à ses frères d'armes. Sans pa-
raître beaucoup agir, il agissait donc très-
utilement ; le moment est venu de se me-
surer avec l'ennemi.

Saint-Cyr est malade, Marbot est chargé
du commandement de l'aîle droite. C'est
alors que le général Suchet , au nom de
Championnet mourant, vint lui déférer le
commandement en chef, comme au plus
ancien général divisionnaire. Marbot s'honora de vouloir le remettre aux talens du
général Saint-Cyr ; celui-ci, toujours modeste, persista à le refuser.

Dans ce court instant de généralat en
chef, on vit Marbot s'occuper toujours
plus activement des besoins du soldat ,
lui donner toutes les consolations qu'il
puisait dans son cœur, les secourir de sa

B

bourse, et par sa bonté vraiment paternelle, il parvint à retenir sous les drapeaux des bataillons que la faim dispersait, et réduisait à disputer leur pâture aux troupeaux errans sur les montagnes.

Lorsque Marbot revint de Gênes à *Nice* pour y prendre le commandement en chef, cette ville n'offrait qu'un vaste tombeau. Depuis quelques temps il avait reçu des lettres de service pour se rendre à l'armée du Rhin, cette nouvelle destination lui plaisait davantage ; mais quittera-t-il une armée quand elle est au comble du malheur ? Massena arrive, lui adresse quelques paroles encourageantes, il ne peut résister.

Marbot savait que le climat lui était funeste : des chagrins particuliers décident la maladie dont il avait dèjà senti l'atteinte. Ah ! qu'il seroit heureux, s'il-pouvoit périr sur le champ de bataille ! des souffrances cruelles l'ont fixé au lit de douleur : il apprend que sa division est attaquée, et meurt inconsolable de n'avoir pu mourir en la conduisant au combat. Ce sentiment cruel, ses craintes sur le salut de l'armée, le besoin continuel de se retourner vers sa patrie ont occupé les derniers momens de son existence. Il a emporté, en ex-

pirant, les regrets de l'armée, l'estime des
officiers-généraux qui l'ont plus particulièrement connu. Quelques êtres immo-
raux auraient osé le poursuivre encore de
leurs calomnies, ils ont disparu comme un
souffle devant la véritable opinion publique,
et chacun, autour de son corps glacé, veut
soulager son affliction en racontant l'histoire
de dix années de service, consacrés à défendre la patrie, et les principes de la révolution. Sa dépouille mortelle est con-
servée dans un bastion des remparts de
Gênes; une pierre angulaire avec une simple
inscription gravée sur sa tombe rappelera
sa vie et sa fin honorable ; elle est con-
fiée à la garde reconnoissante du peuple
ligurien. Voilà tous les honneurs funèbres
que les circonstances ont permis de lui
rendre.

Les citoyens les moins disposés à pro-
noncer en faveur de Marbot, ne peuvent
nier ses droits à l'estime nationale. Il fut
bon père, bon ami, soldat citoyen, lé-
gislateur courageux, honnête homme. Quelques traits établiront la base du jugement
certain qu'on doit porter de lui sous ces différens rapports.

S'il est tombé dans quelques erreurs sur

des théories d'administration ou de politique, c'est qu'il n'avoit pas assez prévu que les spéculaions théoriques fussent suivies d'une application aussi rapprochée. Ces erreurs auront pu tenir encore au défaut d'idées assez arrêtées d'avance, et fondées sur cette instruction générale qui répond à tous les sophismes. Ses raisonnemens n'étant point soutenus de cette espèce de prévision morale qui les garantit contre toute attaque, pouvaient être surpris, mais ses intentions furent toujours droites ; le premier à sentir cette lacune de ses moyens, ce qu'il croyait manquer à son esprit, il le demandait aussitôt à son ame : et cette ame cherchant sans cesse, pour ainsi dire, un guide, les talens et la moralité qu'il croyait appercevoir dans des hommes dont il reconnaissait la supériorité étaient autant de jalons qu'il plaçait devant lui, et qu'il suivait avec une candeur aveugle

Au 18 fructidor, il était bien déjà de sa propre opinion dans le mouvement qui fit cette journée ; mais ce qui l'assura et l'affermit d'autant plus dans ce parti, ce qui acheva de le persuader qu'il devenait celui même de la République, le seul moyen de son salut, ce fut de voir se ranger à la tête de ce parti , dans les armées , dans le Corps législatif et parmi les citoyens , des hommes qui avaient fait preuve des plus grandes qualités de l'esprit et de l'ame, par les plus grands services rendus à la liberté.

Dans un temps où les opinions diverses étaient excitées à se tourner vers un changement dans la forme du gouvernement , où les uns prétendaient que le pouvoir exécutif était trop faible parce qu'il n'était pas assez concentré ; les autres. que pour prévenir désormais ses attentats , il serait nécessaire d'en disséminer l'exercice dans un plus grand nombre de mains, Marbot ne sentant que le mal présent, inclinait pour cette dernière opinion. *Voulez-vous donc confier le pouvoir à mille tyrans* , lui dit un de ses amis. — *Au moins* , lui répondit Marbot, *le remède se trouve dans le mal même.* Il est bien vrai que la multiplicité des oppresseurs laisse aux opprimés des chances de discorde dans lesquels ils peuvent retrouver la liberté ; mais cette manière d'espérer ressemble trop à du désespoir. Un esprit, qui eût davantage approfondi ces questions, pouvait imaginer des combinaisons meilleures que celles de remettre le destin de la liberté à ces probabilités de division et de destruction.

Pour Marbot, la raison de s'attacher à une cause n'était pas qu'elle fût ou dût être bientôt la plus influente ; il lui suffisait de savoir d'abord qu'elle fût la plus juste. C'est par la conséquence de ce principe que les hommes de probité, après avoir quelquefois tardé d'entrer dans un parti, qui ne leur était pas assez connu, lui sont les plus fidèles, le jour où leur détermination est fixée. On a prouvé que le patriotisme de Marbot n'était point né à telle date, de telle ou telle circonstance ; que par les premières dispositions de son cœur il était dans la révolution avant même qu'elle existât. Du moment qu'il se vit spécialement chargé de la défendre, il éleva sa pensée à la hauteur de ses devoirs ; il sentait que les auteurs de la révolution étaient comptables envers l'Europe, envers l'univers du succès de leur grande entreprise ; et pénétré des engagemens pris par la République française envers le genre humain, si la vie et la mort lui paraissaient absolument égales pour obtenir l'établissement de la liberté, il lui était permis d'exiger des autres ce généreux sacrifice ; sa sévérité commençait par lui-même.

Ses opinions, fortement émises dans la

vue d'accomplir ce dessein, lui ont valu, de la part du parti opposé, la réputation d'un homme sans mesure, d'un chef de *Jacobins*; et l'on connaît le sens odieux que les ennemis de la liberté sont parvenus à donner en France à cette dénomination. Que ceux qui douteraient de l'humanité de Marbot, que ceux qui ont connu sa personne appliquent sa conduite à l'expression de sa figure, on jugera si jamais l'une et l'autre furent plus sincèrement l'image et le modèle de la bonté.

Qu'on interroge les soldats de l'armée d'Italie, heureux témoins de sa vertu, si souvent consolés par sa bienveillance; tous trouvaient en lui l'abord le plus facile; il appelait leur confiance : *Tu as besoin d'argent*, dit-il un jour à l'un d'eux qu'il voyait couvert de haillons, *Pourquoi caches-tu cela à ton général?* Sa porte leur était ouverte jour et nuit; il avait pour principe de ne pas moins bien recevoir un soldat qu'un officier, et toujours mieux celui qui avait le plus de besoins. Il surprit une autre fois un capitaine maltraitant un soldat : *Ce n'est pas ainsi*, lui dit-il vivement, *qu'on doit parler aux soldats : ne sont-ils pas assez malheureux, ne sont-ils pas citoyens comme nous, et que serions-nous sans eux?*

Les citoyens de la Corrèze racontent avec attendrissement l'action courageusement humaine dont Marbot les rendit témoins en 1790 ; c'était à *Tulle*. Un capitaine de Royal-Navarre, ardent ennemi de la révolution, avait donné des coups de fouet à un ouvrier qui chantait de toutes ses forces l'air patriotique *Ça ira*; le peuple s'ameute, veut à l'instant venger l'outrage fait à l'ouvrier. Marbot apprend que cet officier court risque de la vie; il ne l'avait jamais vu : c'est un homme, c'est assez ; il fend la foule, il la harangue inutilement ; on se jette sur l'officier : Marbot le couvre de son corps. *Vous me tuerez plutôt*, s'écrie-t-il, *que je vous laisse vous souiller d'un crime.* Ses efforts sont impuissans ; envain serre-t-il le malheureux dans ses bras ; il est atteint par deux cens coups de sabre et de haches. Marbot, épuisé de résistance, tenait encore le cadavre privé de vie, et ne s'appercevait pas qu'il avait la bayonnette sur le cœur.

Aux Pyrénées occidentales, dans des temps où la moindre remontrance, contre des mesures violentes, était taxée de modération, et la modération de crime, Marbot ne craignit point de s'élever hautement contre le système adopté par le comité du gouvernement, de ne faire aucun quartier aux prisonniers espagnols. *Les ennemis se conduisent avec loyauté, nous leur devons réciprocité ; sommes - nous des Caffres, des Hottentots, disait-il, ou des Français civilisés ?* Il est vrai qu'aux Pyrénées orientales, le prince de la Union avait violé toutes les conventions relatives à l'évacuation de *Collioure ;* mais aux Pyrénées occidentales, ou s'était conduit avec les procédés de l'honneur militaire.

Après une affaire aussi habilement exécutée que conçue par Marbot, on lui amène un grand nombre de prisonniers espagnols, la plupart étaient des officiers ; la loi les condamnait à mort. *Qu'on me destitue,* s'écria Marbot avec colère à ceux qui croyaient devoir obéir au décret ; *qu'on me fusille si on veut le premier, jamais je ne laisserai donner la mort à des vaincus désarmés.* Il écrit en même-temps aux Représentans du peuple en mission près l'armée, leur demande l'autorisation d'envoyer en France les prisonniers. *Ces militaires, ajouta-t-il, sont aimés et considérés en Espagne ; nous pourrons nous trouver fort bien un jour de les avoir pour ôtages.* Sa lettre obtint ce qu'il sollicitait.

C

Destitué, dans les derniers jours de prairial an 3, et revenant chez lui, il passait par Montauban : une partie des prisonniers qu'il avait sauvés y séjournait ; ils le reconnaissent à la promenade, volent aussitôt l'embrasser, le couvrant de leurs larmes, et l'appelant leur *ami*, leur *père*. Tous veulent l'accompagner, et le conduisent à son logement. *Voilà des hommes bien heureux*, dit à Marbot un de ses concitoyens, témoin de cette joie attendrissante. *Mon ami*, lui répondit-il, *c'est moi qui suis le plus heureux*. Oppressé par le sentiment, il resta plusieurs minutes sans pouvoir parler.

L'humanité de Marbot ne mettait pas plus de différence entre les opinions qu'entre les nations. Une de ses parentes, par suite d'opposition à ses principes politiques, s'était déclarée contre lui avec fureur. Cette femme se trouvait réduite à la plus affreuse misère par les évènemens de la révolution ; Marbot lui fit passer assiduement tous les secours nécessaires à son existence.

Bon fils, il fut pendant quatre années le garde malade de son vieux père infirme.

Il avait été blessé deux fois à la guerre.

Une autrefois la femme d'un chef de bataillon, essayant une arme sans précaution, une balle lui traversa la jambe. Marbot fut renversé, on crut la jambe cassée. Le chef de bataillon voulait frapper sa femme : Marbot oublie sa douleur, et ne s'occupe qu'à le calmer ; *elle souffre plus que moi*, disait-il.

On voit combien l'ame de Marbot le dominait tout entier ; il ne vivait que par elle, et sans cesse occupé du bonheur des autres, il n'eût et ne voulût jamais avoir une pensée personnelle.

Deux de ses enfans sont au service : l'un d'eux, âgé de quatorze ans, était son aide-de-camp. Il avait mérité le grade de sous-lieutenant par une action d'éclat. Jamais Marbot n'avait voulu ni pour lui, ni pour ses enfans, recevoir aucun grade du gouvernement, ni aucune place qui eût eu l'air d'une faveur. Cependant il aimait tendrement ses enfans; dans les soins qu'il donnait à leur éducation physique et morale, dans leurs progrès qu'il apperce-vait, il n'envisageait que l'étendue des services qu'ils seraient un jour capables de rendre à la liberté. — *C'est la race des géans qui s'avance, nous étions une génération indigne*, disait - il quelquefois. Mais ce

qui, dans les révolutions, lui paraissait le
plus pénible pour ceux qui les entrepren-
nent, c'était la nécessité d'en saisir aussitôt
les emplois pour maintenir leur ouvrage ;
il ne voulait pas seulement tout donner à
la République, il aurait voulu n'en rien
recevoir.

Qui peut mieux attester son désinteres-
sement dans les affaires publiques que la
situation de ses propres affaires ; sa vie avait
toujours été sobre, réglée, économe, et
néanmoins sa fortune est diminuée de moi-
tié. Ajoutons un fait qui prouve encore la
pureté et la sincérité de son patriotisme :
il avait contracté quelques dettes à l'armée ;
forcé de vendre une partie de son patrimoine pour les acquitter, il employa le
reste à acheter un domaine national, voulant, par cette acquisition, comme il le
disait, moins améliorer son revenu, que
lier, d'une manière plus étroite, son sort
et celui de sa famille au maintien de la
révolution, et déclarer plus solemnelle-
ment qu'au-delà de l'existence de la République, il n'espérait et ne voulait aucune
existence.

Ce gage si formel, ce don fait à la patrie
de sa vie présente et de sa vie à venir,
donne la mesure de son civisme.

On conçoit maintenant, d'aprés les motifs qui dirigeaient toute la conduite de Marbot, que ses sentimens aient pu difficilement être modérés contre les spoliateurs du trésor public, et qu'il se soit quelquefois exprimé avec violence à leur égard.

On avait essayé plusieurs fois de corrompre sa vertu; Marbot n'eut besoin d'aucun effort sur lui-même pour résister à ces tentatives. Un agent lui avait été envoyé pour l'inviter à ne point parler dans telle discussion. Cet agent osait lui offrir des avantages immenses, un mariage de vingt mille livres de rente pour son fils. *Je vous remercie*, lui dit Marbot avec dédain, *j'aurais peut-être parlé faiblement, vous me donnez la voix de Stentor.*

Frappé de cette espèce d'acharnement avec lequel la mort semble depuis quelque tems trier les républicains les plus distingués, un des compatriotes de Marbot me disait : *la mort de notre ami n'a pas une cause ordinaire, la nature, ne connaît point d'opinions.* Que l'impartiale raison réfute les soupçons de la douleur injuste.

Que l'on examine la vie d'un militaire républicain en présence de l'ennemi, on sent que les fatigues, les inquiétudes quotidiennes absorbent déjà la plus grande partie de ses forces physiques et morales. Si ce militaire joint à ces tourmens les inquiétudes dévorantes de la politique, s'il tourne sans cesse ses regards vers la patrie, s'il ne peut séparer un moment sa pensée des périls de sa liberté, c'en est trop : il doit succomber; et cette cause, hélas trop naturelle, est bien évidemment celle de la mort de Marbot.

Les détracteurs de toute mémoire républicaine trouvent déjà bien longue cette courte Notice. Diront-ils que la douleur et l'amitié ont exagéré l'éloge? Tant de gens consacrent l'esprit qu'ils croient avoir, à flétrir les nobles instrumens de la révolution, il m'a semblé permis de mettre quelqu'intérêt à raconter des faits aussi simples et récens. Toute la vie de Marbot, répètent-ils, ne présente aucun résultat général : Quoi! ce ne serait point un résultat que le spectacle offert pendant 30 années, de la pureté, de la loyauté unies au courage et à la bonté. Ah! dans cet état de choses qu'on est convenu d'appeler *état de société*, et qu'il serait plus convenable d'appeler *état de guerre*, quand la force et la ruse en font seules les destinées, l'image d'un tel carac-

tère, pour être peu commune, n'est point in-
tempestive à rappeller : elle doit, sans
doute, soulever de nouveau la haine de
quelques hommes corrompus , mais, peut-
être aussi, remettre sur la voie de la morale
et de la liberté , ceux qui n'ont point pour
elles une aversion implacable.

F I N.

www.ingramcontent.com/pod-product-compliance
Lightning Source LLC
Chambersburg PA
CBHW071430030726
47594CB00006B/2670